CHAMBRE DE COMMERCE DE

RAPPORT

PRÉSENTÉ AU NOM DE LA COMMISSION DE LÉGISLATION

SUR LES MODIFICATIONS A APPORTER A L'ARTICLE 19 DE LA LOI DU 23 JUIN 1857 (MARQUES DE FABRIQUE)

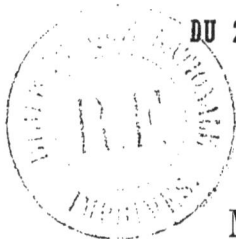

PAR

M. JULES PIAULT

PARIS

SOCIÉTÉ ANONYME DES IMPRIMERIES RÉUNIES

MOTTEROZ

HÔTEL MIGNON, RUE MIGNON, 2

—

1883

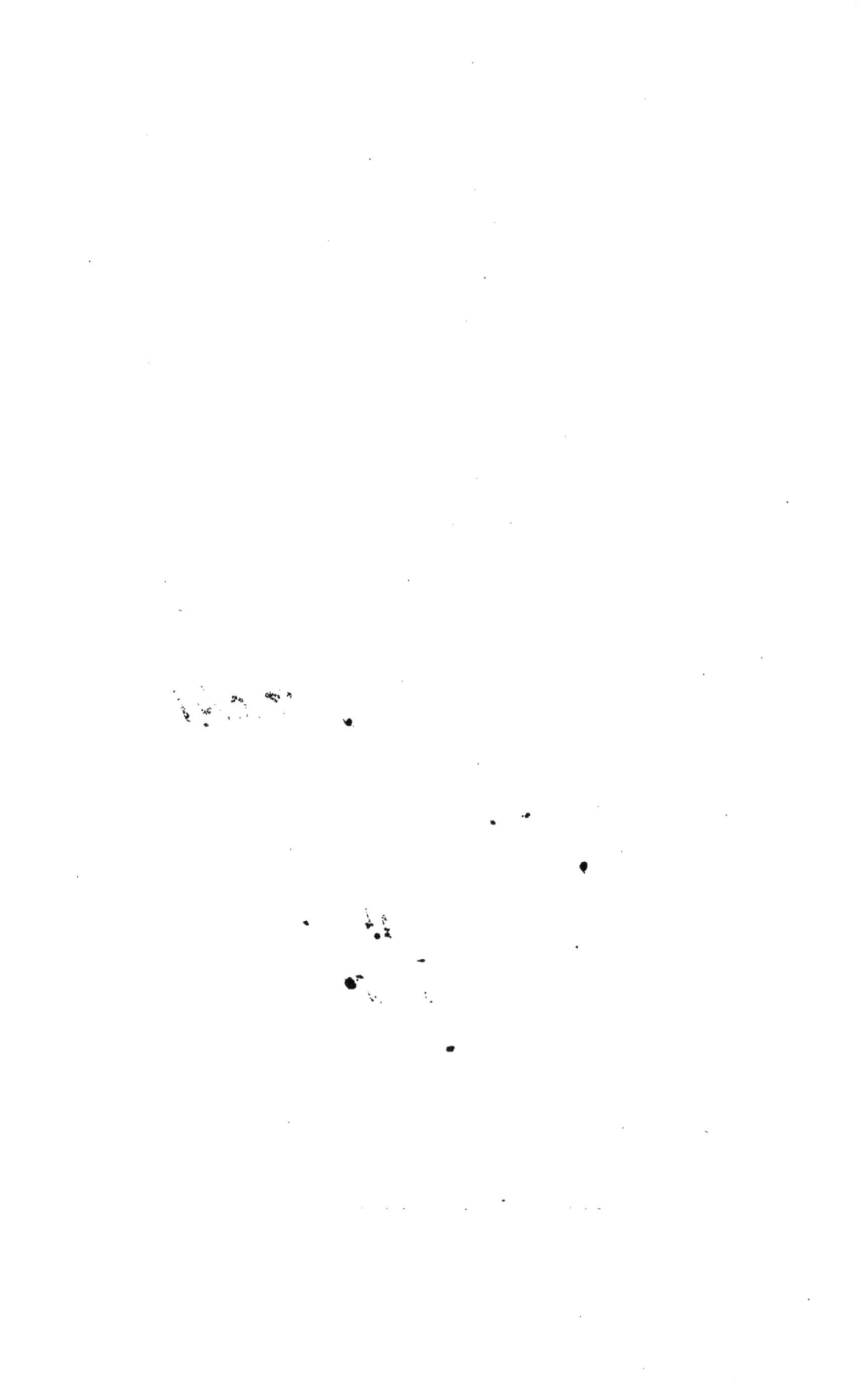

RAPPORT

PRÉSENTÉ A LA CHAMBRE DE COMMERCE DE PARIS LE
21 MARS 1883, AU NOM DE LA COMMISSION LÉGISLA-
TIVE, PAR M. JULES PIAULT (1).

———

MESSIEURS,

A la suite de l'arrêt de la Cour d'appel du 23 février
dernier, rendu dans l'affaire des boutons de fabrique
étrangère portant la mention du mot **PARIS**, arrêt qui
infirme le jugement du Tribunal correctionnel en faveur
des fabricants parisiens lésés, qui sont intervenus dans
l'instance comme partie civile, M. le Président de la Chambre
a saisi votre Commission de législation de la situation faite
aux fabricants français par la jurisprudence tant dudit
arrêt que de celui de cassation de 1864.

Après une discussion approfondie de cette situation et un
sérieux examen des lois de 1824 et de 1857 sur les marques
de fabrique, votre Commission a reconnu la nécessité d'une
loi qui ne puisse être tournée par les fabricants étrangers
et qui protège d'une façon efficace les noms des villes de
fabrique française contre la fraude plus ou moins dissimulée
dont nous sommes victimes depuis plus de vingt ans, tant
dans la consommation intérieure qu'au transit.

Votre Commission de législation nous a confié la mission

(1) Membres de la Commission : MM. Cousté, *président*, Barbedienne,
Martial Bernard, Marcilhacy, G. Hachette, Ch. Noël, Jules Piault.

délicate de rédiger un projet de modification de loi dans le sens indiqué, estimant que ce ne serait pas porter atteinte à la liberté du commerce, mais bien accorder à l'industrie la protection légitime qui lui fait trop souvent défaut par suite de l'insuffisance de l'article 19 de la loi de 1857, depuis que nous sommes sous le régime des traités de commerce.

C'est ce travail, précédé d'un exposé ayant pour but de rappeler aux anciens membres de la Chambre les diverses phases de la question, et d'éclairer, en outre, la religion de nos nouveaux collègues, que nous venons vous soumettre aujourd'hui.

Vœu tendant à modifier l'article 19 de la loi du 23 juin 1857 (marques de fabrique).

EXPOSÉ

La loi du 23 juin 1857, bien loin d'abroger celle de 1824, n'a fait que la continuer, la corroborer et la compléter, mais nous devons reconnaître qu'en dehors de l'adoucissement successif des peines (1), ces deux lois ont eu pour but unique la punition de l'usurpation frauduleuse.

La préoccupation dominante du législateur, en 1806, — sans vouloir remonter plus haut, — en 1824 et en 1857, a toujours été de réprimer une usurpation frauduleuse du nom ou du lieu, manœuvre susceptible tout à la fois et de tromper l'acheteur sur la véritable nature de la marchandise offerte, et de porter préjudice au commerce national.

C'est bien dans ce double but qu'il a voulu, en 1857, interdire l'entrée en France des marchandises étrangères

------

(1) La coutume de Carcassonne punissait l'usurpateur des marques de fabrique de six jours de carcan, la loi de 1806 l'assimilait au faux emportant la pénalité des travaux forcés.

marquées faussement d'un nom ou d'un lieu de fabrication française, et cette intention résulte notamment de ce que, pour la pénalité applicable, le juge est renvoyé aux dispositions de l'article 423 du Code pénal, lequel vise précisément *les tromperies sur la nature de la marchandise vendue.*

Ces derniers mots, Messieurs, doivent s'entendre non pas seulement des éléments intrinsèques et constitutifs de la marchandise, mais aussi de l'ensemble des qualités qu'elle peut présenter, *et qui, garanties par une marque d'origine,* sont de nature à déterminer le choix de l'acheteur.

En effet, le commerce national souffrirait singulièrement dans sa réputation, et par conséquent dans ses intérêts, si une marchandise fabriquée à l'étranger, mais portant la marque d'une fabrication française, venait à manquer des qualités désirables qu'une longue expérience attribue justement à la fabrication française.

Cependant, en 1857, nous n'étions pas encore sous le régime des traités de commerce, et il nous a paru tout à la fois curieux et utile de rechercher quel motif puissant, quel besoin impérieux avait pu déterminer le législateur à prendre les mesures édictées par l'article 19 en ce qui concerne les produits venant de l'étranger, à une époque où la consommation de ces produits était à peu près prohibée en France.

Nous n'avons rien trouvé, dans la discussion du projet de loi au Corps législatif, dans sa séance du 12 mai 1857, l'article 19 étant un de ceux qui ont été votés sans soulever aucune observation; mais en nous reportant au volumineux et très remarquable rapport présenté par M. Busson, le 25 avril 1857, nous en avons retenu le passage suivant qui nous livre la véritable explication de l'article 19 :

« Parmi les fraudes dirigées contre notre industrie et

» notre commerce, dit l'honorable rapporteur, il en est
» une qu'il est urgent de signaler.

» On fabrique à l'étranger des produits portant la marque
» ou le nom d'un fabricant français, ou bien *l'indication*
» *d'un lieu de fabrique française.*

» On les présente en France pour le transit, et ils en
» sortent emportant avec eux l'estampille d'un séjour en
» France qui semble justifier leurs indications menson-
» gères : ces fraudes portent le plus grand préjudice à ceux
» dont on usurpe les marques.

» Le projet a donc fait sagement en prohibant ces pro-
» duits à l'entrée, et en autorisant leur saisie à la requête
» du Ministère public ou de la partie lésée. Nous avons cru
» qu'il fallait aller plus loin et conférer le *même droit à l'ad-*
» *ministration des douanes, qui seule peut connaître ces*
» *fraudes, les constater, les saisir ;* et contre la fraude, la ra-
» pidité de la poursuite est la condition du succès. »

Ainsi vous le voyez, Messieurs, déjà en 1857, s'il n'entrait pour ainsi dire pas encore de produits étrangers pour la
consommation intérieure en France, il en entrait pour le transit, et on avait reconnu la nécessité de réprimer une fraude
préjudiciable au commerce français, qui consistait à cette
époque à présenter à l'exportation par la voie du transit,
sous une marque française, des articles fabriqués à l'étranger.

Nos concurrents étaient donc bien préparés à opérer lar-
gement leurs usurpations frauduleuses, le jour où les traités
de commerce leur ouvrirent des débouchés à l'intérieur.

Le passage du rapport que nous venons de citer établit
donc, de la façon la plus formelle, que l'article 19 de la loi
de 1857 a eu pour but unique de protéger le commerce
français *contre la fraude personnelle des fabricants étran-*
gers, mais non contre celle des négociants français ou des

négociants étrangers établis en France, puisque, lors de la
rédaction du projet de loi, la consommation des produits
étrangers était en quelque sorte prohibée et qu'elle n'a
commencé à être libre qu'en 1862.

Il n'était pas donné au législateur de prévoir que quel-
ques années plus tard, des négociants établis en France
seraient appelés à remettre d'importantes commandes
à l'étranger pour la consommation intérieure, et que ces
commerçants donneraient l'ordre d'apposer sur ces produits
leur marque, ou leur nom, ou le lieu de leur résidence.

Aussi, dès 1862, les intéressés français et étrangers se
demandaient si la défense édictée par l'article 19 était une
stricte disposition de loi de douane envisageant un fait purement matériel, ou si la loi n'avait voulu viser que l'usurpation frauduleuse d'une résidence, quand un arrêt de la
Cour de Cassation, en date du 9 avril 1864, est venu fixer la
jurisprudence, mais en favorisant complètement des usurpations très dommageables à la fabrication française.

Il s'agissait d'une introduction de rasoirs anglais, de qualité inférieure, à châsses d'os, dont la lame offrait sur l'une de
ses faces au talon la marque PARIS et les lettres L.-S. et N.,
initiales des défendeurs Léon Schmitt et Navarre, fabricants
de nécessaires à Paris.

« Attendu, dit l'arrêt, qu'au point de vue où s'est placé
» le législateur, l'usurpation frauduleuse est l'élément
» essentiel de l'infraction qu'il a voulu réprimer ; que lors-
» que c'est du consentement et par l'ordre du négociant
» français lui-même que sa marque, ou son nom, ou son
» lieu de résidence ont été apposés, cet élément disparaît ;
» que de même aussi, lorsque les produits ainsi marqués
» ont été non pas offerts par une simulation mensongère au
» transit et à l'Entrepôt, mais expédiés sur la commande
» du négociant français à son adresse et à sa destination en

» France, il n'y a plus qu'un acte licite et rien qui révèle
» une manœuvre déloyale.

» Attendu que, dans l'article 19 de la loi du 23 juin 1857,
» il est impossible d'apercevoir une simple disposition de
» loi de douane qui n'aurait envisagé qu'un fait purement
» matériel; que l'article 19, de même que tous ceux qui le
» précèdent, veut assurer à tout négociant ou fabricant,
» comme droit exclusif et propriété facultative, les marques,
» empreintes, lettres ou emblèmes qu'il appose sur les ob-
» jets de sa fabrication ou de son commerce; que ce droit
» ne peut être lésé dès qu'il en a permis ou commandé
» l'usage qui en a été fait; et que lui opposer sous ce dernier
» rapport une interdiction qui n'est pas écrite dans la loi,
» ce serait dans bien des cas créer des entraves à la liberté
» du Commerce. »

Dès que cet arrêt fut rendu, M. le Directeur des douanes
dut compléter les instructions antérieures qui avaient déter-
miné dans quelle mesure le service des douanes doit prêter
son concours pour la répression des usurpations frauduleuses de marques de fabriques françaises apposées sur des
produits venant de l'étranger.

Par une circulaire n° 962, en date du 7 juillet 1864, il
fit rappeler aux agents que, s'ils devaient continuer à suivre
les dispositions très précises de l'article 19 de la loi du
23 juin 1857, dresser des procès-verbaux de saisie et les
transmettre immédiatement au parquet du ressort pour qu'il
leur soit donné les suites de droit, il n'y avait cependant
plus lieu dorénavant, conformément à la jurisprudence établie par un arrêt de la Cour de cassation du 9 avril 1864,
d'appliquer les prescriptions de l'article 19 aux produits
revêtus, soit de la marque, soit du nom ou du lieu de résidence d'un fabricant français, lorsqu'il est justifié que c'est

du consentement et par ordre de celui-ci que son nom, sa marque ou son lieu de résidence ont été apposés sur des produits fabriqués à l'étranger.

Depuis cette époque, la direction des douanes et ses agents se trouvèrent fort embarrassés dans leur mission d'assurer tout à la fois le respect des dispositions de l'article 19 de la loi du 23 juin 1857, et celui dû à la jurisprudence établie par l'arrêt de la Cour de Cassation du 9 avril 1864.

C'est ce qui ressort notamment d'une lettre de M. le Ministre des Finances, en date du 16 juillet 1881, adressée à M. le Ministre du Commerce, où il est dit que la Direction des douanes rencontre souvent des difficultés pour donner une suite utile aux saisies de produits portant seulement l'inscription d'un lieu de fabrication française, et on indique plusieurs affaires dans lesquelles le parquet n'ayant pas cru devoir poursuivre, les procès-verbaux ont été purement et simplement annulés.

De nombreuses plaintes furent adressées à M. le Ministre du Commerce, dans le courant des années 1880 et 1881, par des fabricants français qui appelaient son attention sur le préjudice que cause à l'industrie nationale l'introduction en France de produits étrangers revêtus de marques françaises ou de la *mention PARIS* et lui demandaient que les produits présentés dans ces conditions ne fussent pas admis à l'entrée.

Ces produits, revêtus du mot PARIS, étaient et sont encore introduits par des commissionnaires en marchandises, des négociants français et étrangers domiciliés en France ; ils consistent notamment en boutons de verre de provenance autrichienne, crayons de bois d'origine allemande, articles de quincaillerie, clous à cheval, chapeaux de laine anglais, lacets d'Allemagne, réflecteurs par 40 caisses à la fois, poinçons et alènes de Prusse, par envois de 15 000 boîtes, des porte-mine en bois, os et cuivre, venant aussi d'Allemagne, et des draps d'Aix-la-Chapelle, etc.

Par une lettre en date du 24 octobre 1881, M. le Ministre du Commerce fit connaître à M. le Président de la Chambre de Commerce de Paris, les réclamations visant l'emploi du mot PARIS sur les produits fabriqués à l'étranger, et lui demanda de soumettre à la Chambre la question de savoir si, d'une manière générale, elle consentirait à se porter partie civile dans le cas où l'Administration des douanes aurait procédé à des saisies motivées par l'inscription du mot PARIS sur des produits arrivant de l'étranger.

M. le Ministre ajoutait en outre qu'il avait le plus grand intérêt à être informé dans un délai très rapproché de l'opinion et de la décision de la Chambre.

Par délibération du 15 février 1882, la Chambre de Commerce décida que, vu le tort causé à l'industrie des articles de Paris par l'inscription du nom de cette ville sur des produits de fabrication étrangère introduits en France, et considérant le mot PARIS comme étant la copropriété des industriels parisiens qu'elle avait mission de représenter et défendre, elle se réservait de se porter partie civile contre les importateurs, quand cette marque aurait pour but d'usurper une qualité n'appartenant pas à la marchandise importée.

Cette délibération fut communiquée à la presse et portée ainsi à la connaissance du commerce parisien, qui, d'une façon générale, y donna son approbation.

Malgré cet avertissement reproduit par de nombreux journaux, la Chambre fut appelée, le 3 mai suivant, à se prononcer sur la suite à donner à diverses communications de la douane au sujet de saisies motivées par l'inscription du mot PARIS sur des cartes de boutons de fabrique allemande.

Cette délibération fit ressortir que les faits qui avaient

donné lieu à saisie constituaient une usurpation bien carac-
térisée répondant aux prévisions de votre délibération du
15 février 1882, que les cas qui se présentaient n'étaient pas
isolés et tendraient à se reproduire, si la Chambre n'inter-
venait pas de manière à démontrer que ses avertissements
ne constituaient pas une mesure stérile, et que les procès-verbaux ayant été transmis au procureur de la République, il
importait d'agir sans retard.

Vu l'urgence, la Chambre décida que le Bureau apprécie-
rait les documents communiqués par la Douane et ferait les
diligences nécessaires, s'il y avait lieu d'intervenir comme
partie civile.

Le bureau reconnut qu'il y avait lieu d'intervenir dans
l'instance motivée par cinq des procès-verbaux dressés par
la douane, et il saisit, au nom de la Chambre, les 6 et 8
mai, M. le procureur de la République de cette déclaration,
demandant en outre la jonction des cinq affaires, vu leur
connexité.

De leur côté, un grand nombre de fabricants de boutons
domiciliés à Paris se portèrent partie civile dans la même
instance, dans les premiers jours de juillet. Le 10 août 1882,
la huitième chambre correctionnelle du Tribunal civil de la
Seine rendait un jugement qui, visant la loi du 28 juillet 1824 et l'article 423 du Code pénal, condamnait les négociants saisis pour introduction en France de cartes de boutons portant en tête les indications *PARIS Dernières nouveautés — Nouveautés de Paris — Mode de Paris —
PARIS surmonté des Armes de la Ville*, etc.; mais statuant
en outre sur les conclusions des parties civiles, le jugement
déclarait qu'en ce qui concerne la Chambre de Commerce
de Paris, son intervention est non recevable, attendu que
les Chambres de Commerce instituées pour donner leur avis
sur les questions qui les intéressent, sont sans qualité pour

défendre en justice les intérêts commerciaux de leur ressort.

Ce jugement, Messieurs, vient d'être réformé par l'arrêt précité de la Cour d'appel de Paris, en date du 23 février dernier, qui a renvoyé indemnes les appelants du jugement de première instance du 10 août 1882.

La Cour n'a pas voulu rompre avec la jurisprudence inaugurée par l'arrêt de cassation de 1864 et elle motive son arrêt :

« 1° Sur ce fait : que le procès-verbal qui sert de base » aux poursuites est irrégulier, les agents en douane » n'ayant pas qualité pour procéder en vertu de la loi » de 1824.

« 2° Au fond, les objets saisis portant la mention PARIS » étaient destinés à un négociant ayant à Paris le siège de » son commerce, et pouvant par conséquent imprimer aux » produits vendus par lui le mot PARIS — qu'il n'est pas » d'ailleurs établi que Paris soit un lieu réputé de fabriques » pour les boutons.

» Il n'y a donc pas usurpation frauduleuse, » etc.

Ainsi, non seulement la loi de 1824 n'autorise pas les agents en douane à procéder à la saisie, mais malgré ses termes absolus elle fournit, selon notre opinion, dans son exposé des motifs, des arguments pour et contre la jurisprudence inaugurée par la Cour de Cassation et continuée par l'arrêt du 23 février.

Ces arguments se reproduisent dans le discours de M. Petou à la Chambre des députés et dans celui de M. de Chaptal à la Chambre des pairs, nous ne les citerons donc qu'une fois. Écoutez M. le comte de Chaptal, rapporteur de la seconde Commission, dans la séance du 17 juillet 1824 de la Chambre des pairs. Il s'exprime en ces termes :

« L'article premier du projet de loi qui est soumis à vos
» seigneuries contient toute la loi ; il prononce la peine
» d'emprisonnement et celle de l'amende contre tout indi-
» vidu qui aurait apposé sur des produits fabriqués le nom
» d'un fabricant autre que celui qui en est l'auteur, ou le
» nom d'un lieu autre que celui de la fabrication.
» Ces dispositions sont justes, elles sont nécessaires. »

Le rapporteur, après avoir envisagé la propriété du fabricant, passe au nom des villes de fabrique et il poursuit :

« Ce que je dis des individus, je le dirai des villes où les
» fabricants sont parvenus à créer des genres d'industrie
» que la supériorité et la qualité constante des produits ont
» fait apprécier de tous les peuples consommateurs. Souvent
» le nom de la ville, apposé sur les produits, commande seul
» la confiance et forme une garantie aux yeux de l'acheteur ;
» et s'il était permis de revêtir de ce nom des produits
» inférieurs, la confiance serait bientôt retirée et la France
» perdrait infailliblement plusieurs genres d'industries qu'il
» importe à sa gloire et à sa prospérité de conserver, etc.
» Mais vous ne pouvez pas, continue le rapporteur, em-
» pêcher qu'un fabricant d'Elbeuf, de Sedan ou de Louviers
» ne marque son drap, quelle que soit la qualité, du nom
» du lieu où il a été fabriqué : le projet de loi qui vous est
» soumis l'y autorise expressément, je dis plus, vous ne
» pouvez pas empêcher que *d'autres fabricants ne s'établissent*
» *dans ces trois villes pour acquérir le droit de revêtir des*
» *produits quelconques du nom d'une ville célèbre par sa*
» *fabrication.* »

Vous voyez, Messieurs, dans ce dernier passage, les premiers jalons des droits découlant de la résidence ; on ne pouvait prévoir en 1824 les abus auxquels ils donneraient lieu sous le régime des traités de commerce, surtout aujourd'hui que dans bien des villes manufacturières nous relevons, à côté des fabricants, nombre de négociants ou commissionnaires qui établissent, sans avoir de fabriques, le produit du pays où ils résident.

Mais revenons à notre arrêt du 23 février, pour vous signaler un arrêt antérieur de la Cour de Chambéry, en date du 30 décembre 1882, qui a adopté l'opinion contraire au sujet de l'usurpation de la marque d'un lieu de fabrique française, quand c'est par l'ordre du négociant français, lui-même s'y trouvant établi, que cette marque a été apposée sur des produits étrangers.

Saisie de la même question, au sujet de boutons arrêtés à la frontière italienne, la Cour de Chambéry a considéré que les pratiques contre lesquelles s'étaient élevés la Chambre de Commerce de Paris et le ministère public, constituaient pour l'industrie nationale un véritable danger et étaient de nature à tromper l'acheteur sur la nature du produit vendu ; qu'elles tombaient sous l'application de la loi de 1824, qui vise le lieu de la fabrication elle-même, et ne distingue pas entre les étrangers et les nationaux.

Parmi les attendus de l'arrêt il est intéressant de relever celui-ci :

« Attendu (dit l'arrêt) que le sens de ces mots : *Nou-*
» *veautés de Paris* ne peut avoir tout d'abord pour l'ache-
» teur que cette signification, *c'est que l'objet a été fabriqué*
» *à Paris ;* que s'il est vrai que ces mots ne constituent pas
» une marque déposée, mais une marque générale tombée
» dans le domaine de tous, c'est pourtant à la condition que

» l'objet fabriqué sorte effectivement de l'industrie pari-
» sienne;

» Que si des articles notoirement inféodés par leur nature
» à un nom de lieu, tels que : *Eau de Cologne, Savon de
» Marseille*, peuvent être impunément fabriqués ailleurs
» qu'à Cologne et à Marseille, il n'en est pas de même des
» boutons qui ne s'appellent jamais que boutons, quel que
» soit le lieu de leur fabrication ;

» Qu'il résulte d'ailleurs soit des pièces du dossier, soit des
» délibérations et manifestations de la Chambre de Com-
» merce de Paris, que la fabrication des boutons compte
» sérieusement au nombre des industries parisiennes et que
» cette industrie peut éprouver un véritable dommage par
» la fausse marque d'origine apposée sur des boutons de
» fabrication étrangère. »

Cet arrêt, auquel nous n'empruntons que la citation met-
tant en relief la délibération de la Chambre de Commerce,
a été déféré à la Cour de Cassation ainsi que l'arrêt contraire
du 23 février 1883. Nous ne voulons pas préjuger la question, mais si la Cour de Cassation ne veut pas revenir sur la
jurisprudence qu'elle a inaugurée en 1864, les lois de 1824
et de 1857 deviennent tout à fait insuffisantes pour réprimer
l'usurpation qui nous occupe, usurpation essentiellement
favorisée par le régime des traités de commerce, non prévu
par les lois de 1824 et de 1857.

Il ressort de l'exposition des faits qui précèdent, ainsi que
des jugements et arrêts, deux points principaux qu'il importe
de retenir :

1° Les Chambres de Commerce n'ont pas qualité pour
défendre en justice les intérêts commerciaux de leur ressort.

2° Les fabricants français sont complètement désarmés
pour faire respecter, par les fabricants étrangers, la re-

nommée des produits de nos villes de fabrique, puisque ces derniers peuvent impunément introduire, pour la consommation intérieure, des produits portant des noms de lieu de fabrique française.

En effet, Messieurs, nous avons établi que la loi de 1857, dans son article 19, n'a visé et n'a pu viser que les produits étrangers venant en transit, le législateur n'ayant pu prévoir la consommation intérieure inaugurée en 1862. Néanmoins nous repoussons avec un vif sentiment d'indignation une jurisprudence qui permet qu'une tromperie à l'égard de l'acheteur et un préjudice à l'industrie nationale qui demeurent interdits aux fabricants étrangers, puissent devenir licites par le fait qu'un négociant français, ou un négociant étranger établi en France, consentirait à s'en rendre complice en donnant des instructions ou des moyens pour les commettre et en partageant les bénéfices.

Bien plus, cette jurisprudence permettrait aux fabricants étrangers, en installant des représentants dans les villes manufacturières de France, d'introduire et de livrer à la consommation intérieure des pièces de drap portant sur la lisière Martin à Sedan, ou la simple lettre M, à Sedan ; des pièces de soierie avec la mention Dupont à Lyon ; ou des étoffes de laine avec celle Leroy à Roubaix, etc.

Si nous voulons invoquer les prescriptions de l'article 19 de la loi de 1857, et faire opérer la saisie en douane, on nous répondra que les produits ayant été commandés par un négociant habitant Sedan, Lyon, Roubaix ou Paris, qui a donné l'ordre de les revêtir du nom de sa résidence, il n'y a plus d'intention frauduleuse, mais bien un acte licite irréprochable. (Jurisprudence de la Cour de Cassation 1864.)

Si, abandonnant la loi de 1857, qui n'a voulu et n'a pu viser que les produits en transit, ainsi que nous vous l'avons surabondamment démontré, nous invoquons la loi de 1824 qui seule vise les produits circulant à l'intérieur avec des noms de lieu autres que ceux de leur véritable fabrication, on nous opposera que les agents en douane n'ont pas qualité pour procéder à des saisies en vertu de la loi de 1824.

Dans cette situation, il importe de suivre les Anglais dans leurs procédés pratiques et d'apporter au moins une entrave salutaire à la fraude qui se produit au grand jour et masque la fabrication étrangère introduite comme fabrication française.

Il faut, de toute nécessité, modifier l'article 19 de la loi du 23 juin 1857, dans le sens d'une simple disposition de loi de douane n'*envisageant que le fait purement matériel*, et *interdire à l'entrée, au transit, à l'entrepôt*, tous articles venant de l'étranger et portant, soit sur eux-mêmes soit sur des enveloppes bandes ou étiquettes, le *nom* d'une ville française, que ce nom de lieu soit suivi ou non, précédé ou non, de la raison sociale du négociant établi en France, de ses initiales ou de sa marque.

Il faut, en outre, qu'il ne soit pas non plus possible de tourner la loi en employant les noms de lieux comme adjectifs ou comme compléments, ainsi que cela résulte des habiles et frauduleuses appellations suivantes, appliquées chaque jour sur des produits venant de l'étranger : *mode parisienne, bouton parisien, clou parisien, mode de Paris, Nouveauté de Paris*, etc.

Mais voyons comment nos voisins ont compris la protection due aux villes manufacturières du Royaume-Uni.

Dans un ouvrage intitulé : *De la loi anglaise au point de vue pratique et commercial* par Alphonse Selim, sollicitor près la Cour suprême d'Angleterre, — édition Marchal, Billard et Cⁱᵉ à Paris, — nous lisons à la page 202 le paragraphe suivant :

« Une loi de 1872 sur les droits de douane et les impôts,
» décide que l'importation est *absolument* interdite en
» Angleterre, même en transit, de tout article de manufac-
» ture étrangère portant un nom, une bande ou une marque
» impliquant que cet objet a été fabriqué dans le Royaume-
» Uni, et que dans le cas où il aurait été fabriqué dans une
» ville ayant un nom semblable à une ville d'Angleterre, il
» ne pourra être importé qu'à la condition expresse que le
» nom du pays d'origine sera joint à celui de la ville. »

Le Gouvernement français, Messieurs, ne saurait assuré-
ment se montrer moins soucieux que le Gouvernement anglais
des intérêts nationaux, et il appartient à la Chambre de
Commerce de réclamer près de lui une loi analogue à la
loi anglaise, qui protège tout à la fois la réputation des
produits de nos villes manufacturières et les intérêts des
fabricants qui y résident.

C'est dans cet esprit, Messieurs, que nous avons l'honneur
de vous soumettre le projet suivant.

CONCLUSIONS

Tendant à apporter à l'article 19 du titre V (Dispositions générales) de la loi du 23 juin 1857 les modifications ci-après :

Art. 19. — Tous produits étrangers portant, soit sur eux-mêmes soit sur des enveloppes, bandes ou étiquettes, la marque ou le nom d'un fabricant résidant en France, ou bien l'indication d'un nom de ville ou d'un lieu d'une fabrique française, même sous forme d'adjectif ou de complément (Mode *parisienne*, Bouton *parisien*, Mode *de Paris*, Nouveauté *de Paris*, etc.), ou sous forme d'adresse, sans qu'il y ait lieu de rechercher s'il y a intention frauduleuse ou non, *sont absolument prohibés* à l'entrée et exclus du transit et de l'entrepôt, et peuvent être saisis, en quelque lieu que ce soit, soit à la diligence de l'Administration des douanes, soit à la requête du ministère public ou de la partie lésée.

Si le produit portant l'indication d'un nom de ville ou du lieu d'une fabrique française a été fabriqué dans une ville ayant un nom semblable à une ville de France ou à un lieu de fabrique française, il ne pourra être importé qu'à la condition expresse de faire suivre le nom de la ville ou le lieu de fabrique du nom du pays d'origine.

Dans le cas où la saisie est faite à la diligence de l'Administration des douanes, le procès verbal de saisie est immédiatement adressé au ministère public.

Le délai dans lequel l'action prévue par l'article 18 devra être intentée sous peine de nullité de la saisie, soit par la partie lésée, soit par le ministère public, est porté à deux mois.

Les dispositions de l'article 14 sont applicables aux produits saisis en vertu du présent article.

Tel est, Messieurs, le projet accepté par votre Commission de législation. En vous demandant de le convertir en délibération, nous avons la ferme conviction de rendre un service considérable à nos fabricants nationaux et de sauvegarder dans une certaine mesure la bonne réputation des produits de l'industrie française.

———————

Le présent rapport a été discuté et adopté dans la séance du 21 mars 1883 par la Chambre de Commerce de Paris qui en a décidé l'impression.

Le Président : DIETZ-MONNIN.

Le Secrétaire : MARCILHACY.

MOTTEROZ, Adm.-Direct. des Imprimeries réunies, A, rue Mignon, 2, Paris.

www.ingramcontent.com/pod-product-compliance
Lightning Source LLC
Chambersburg PA
CBHW050443210326
41520CB00019B/6043